COMMENTAIRE DE LA LOI DU 7 DÉCEMBRE 1897

SUR

LE TÉMOIGNAGE DES FEMMES

DANS LES ACTES PUBLICS

PAR

M. Désiré DIDIO

AVOCAT A LA COUR D'APPEL DE PARIS
RÉDACTEUR EN CHEF DE LA REVUE DU NOTARIAT ET DE L'ENREGISTREMENT

EXTRAIT DE LA *REVUE DU NOTARIAT*

(N° 10118)

PARIS

MARCHAL & BILLARD

IMPRIMEURS-ÉDITEURS, LIBRAIRES DE LA COUR DE CASSATION
Maison principale : Place Dauphine, 27
Succursale : Rue Soufflot, 7

1898

COMMENTAIRE DE LA LOI DU 7 DÉCEMBRE 1897

SUR

LE TÉMOIGNAGE DES FEMMES

DANS LES ACTES PUBLICS

PAR

M. Désiré DIDIO

AVOCAT A LA COUR D'APPEL DE PARIS
RÉDACTEUR EN CHEF DE LA REVUE DU NOTARIAT ET DE L'ENREGISTREMENT

EXTRAIT DE LA *REVUE DU NOTARIAT*

(N° 10118)

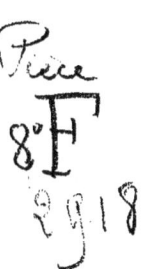

PARIS

MARCHAL & BILLARD

IMPRIMEURS-ÉDITEURS, LIBRAIRES DE LA COUR DE CASSATION
Maison principale : Place Dauphine, 27
Succursale : Rue Soufflot, 7

—

1898

COMMENTAIRE DE LA LOI DU 7 DÉCEMBRE 1897

SUR LE

TÉMOIGNAGE DES FEMMES

DANS LES ACTES PUBLICS (1)

TEXTE DE LA LOI.

Article unique. — Les articles 37, 980 du Code civil, les articles 9 et 11 de la loi du 25 ventôse an XI, sont modifiés ainsi qu'il suit :

Code civil.

« Art. 37. — Les témoins produits aux actes de l'état civil devront être âgés de vingt et un ans au moins, parents ou autres, sans distinction de sexe ; ils seront choisis par les personnes intéressées. Toutefois, le mari et la femme ne pourront être témoins ensemble dans le même acte. »

« Art. 980. — Les témoins appelés pour être présents aux testaments devront être majeurs, Français, sans distinction de sexe. Toutefois, le mari et la femme ne pourront être témoins ensemble dans le même testament. »

Loi du 25 ventôse an XI.

« Art. 9. — Les actes seront reçus par deux notaires, ou par un notaire assisté de deux témoins, de l'un ou de l'autre sexe, sachant signer, et domiciliés dans l'arrondissement communal où l'acte sera passé. Toutefois, le mari et la femme ne pourront être témoins ensemble dans le même acte. »

« Art. 11. — Le nom, l'état et la demeure des parties de-

---

(1) Promulguée dans le *Journal officiel* du 9 décembre 1897, sous le titre de : *Loi ayant pour objet d'accorder aux femmes le droit d'être témoins dans les actes de l'état civil et les actes instrumentaires en général.*

vront être connus des notaires, ou leur être attestés dans l'acte par deux personnes connues d'eux ayant les mêmes qualités que celles requises pour être témoins instrumentaires. »

DIVISION.

Chap. I. — *Exposition préliminaire. — Aperçu historique* (n° 1).

Chap. II. — *Travaux préparatoires de la loi nouvelle. — Législation comparée* (n° 10).

Chap. III. — *Commentaire proprement dit* (n° 14).

§ 1. — *Observations générales.—Le « Féminisme » et la loi nouvelle* (n° 14).

§ 2. — *Des témoins aux actes de l'état civil et aux autres actes reçus par les maires ou leurs adjoints* (n° 22).

§ 3. — *Des témoins testamentaires* (n° 29).

§ 4. — *Des témoins instrumentaires dans les actes notariés autres que les testaments. — Grave lacune dans le nouveau texte* (n° 35).

§ 5. — *Des témoins certificateurs de l'individualité des parties dans les actes notariés* (n° 48).

§ 6. — *Des témoins aux actes dressés par d'autres officiers publics que les maires et les notaires* (n° 49).

§ 7. — *De la responsabilité des témoins* (n° 52).

Chapitre I

Exposition préliminaire. — Aperçu historique.

1. — Notion juridique du mot « témoin ». — Témoins judiciaires et témoins dans les actes. La notion juridique du mot *témoin* comprend deux catégories de personnes :

1° Celles qui attestent, en justice ou devant l'autorité publique compétente, leur connaissance d'un fait contesté ou qui a besoin d'être constaté.

2° Celles qui, présentes à la réception d'un acte public, attestent et confirment, dans cet acte même, la vérité et la foi de son contenu.

2. — Conditions de capacité. A quelque catégorie qu'appartiennent les témoins, l'intérêt privé des citoyens, aussi bien que l'intérêt public de la bonne administration de la justice, exigent que la sincérité de leurs témoignages soit garantie par certaines règles qu'il appartient au législateur de tracer. Parmi ces règles, figurent, en première ligne, celles qui ont pour objet de déterminer les conditions sans lesquelles une personne ne saurait être, comme on disait autrefois, un témoin *idoine*, c'est-à-dire capable de remplir cet office.

3. Toutefois, la raison indique que ces conditions doivent être différentes, suivant l'office que les témoins sont appelés à remplir :

A. Les témoins judiciaires et, en général, tous ceux qui doivent témoigner d'un fait déjà accompli et dont ils ont connaissance, sont des témoins nécessaires, en ce sens que, pour administrer la preuve de ce fait, il n'est pas possible de se passer de leur témoignage.

Aussi n'existe-t-il, à leur égard, qu'un seul cas d'incapacité légale absolue : c'est celui que prévoient les articles 34 et 42 du Code pénal. D'après l'article 34, les individus qui ont encouru la dégradation civique sont incapables « d'être témoins dans les actes et de déposer en justice autrement que pour y donner de simples renseignements ». Aux termes de l'article 42, les tribunaux correctionnels peuvent aussi, dans certains cas, priver un condamné de l'exercice de ces droits.

Toute autre personne, homme, femme ou enfant, Français ou étranger, peut donc, en principe, être appelée à déposer en justice (1).

De même, lorsqu'il s'agit, dans l'hypothèse prévue par l'article 70 du Code civil, de suppléer l'acte de naissance que l'un des époux est dans l'impossibilité de se procurer, la déclaration est faite au juge de paix par sept témoins « de l'un ou l'autre sexe » (même Code, art. 71).

Enfin, relativement aux *déclarants* dans les actes de naissance, loin de subordonner la validité de leur témoignage à des conditions spéciales d'âge ou de sexe, la loi impose, au contraire, l'obligation de déclarer la naissance, sous les pénalités édictées par l'article 346 du Code pénal, à quiconque se trouve dans l'un des cas prévus par l'article 56 du Code civil.

B. Mais le législateur peut et doit soumettre la capacité des témoins à des règles à la fois plus précises et plus rigoureuses, lorsque ceux-ci sont appelés à figurer dans un acte, non plus comme déclarants, mais avec la mission d'assister l'officier public et d'attester avec lui la sincérité des énonciations contenues dans

---

(1) Quant aux cas d'incapacité relative résultant de la parenté ou de l'alliance en ligne directe, v. l'art. 268, C. pr. civ., et pour les cas de reproche, v. l'art. 283, même Code.

l'écrit. Il ne s'agit plus, ici, de témoins « nécessaires », mais bien de témoins dont le choix est tout volontaire de la part des intéressés et dont l'assistance a pour but, dans la pensée de la loi, de donner à l'acte un supplément de garantie. Or, loin d'offrir cet avantage, l'intervention de témoins dans un acte présenterait, dans certains cas, un véritable danger, si le droit de les choisir n'était pas limité dans son exercice.

D'où le devoir pour le législateur de circonscrire plus étroitement le choix de ces témoins, que lorsque les parties se trouvent sous l'empire de la nécessité.

4. — Incapacités absolues. — Incapacités relatives. Les incapacités qui peuvent frapper les témoins de cette seconde catégorie sont de deux sortes :

Les premières, absolues : ces incapacités, fondées sur l'âge, l'état (*status*), le domicile, empêchent dans tous les cas, celui qui en est frappé, de servir de témoin (1).

Les secondes, relatives : ces dernières empêchent seulement celui qui en est atteint, de figurer comme témoin, dans tel cas particulier, à raison, soit de l'intérêt qu'il peut avoir dans l'acte, soit de certains rapports de parenté, d'alliance, d'autorité ou de dépendance avec les parties ou l'une d'elles, et qui seraient de nature à rendre son témoignage suspect.

Nous n'avons à nous occuper ici que des incapacités absolues, au nombre desquelles figurait le sexe féminin jusqu'au moment de la promulgation de la loi nouvelle.

5. — Incapacité de la femme en droit romain. D'après l'ancien droit romain, une des conditions de capacité absolue des témoins appelés aux actes et spécialement aux testaments, était qu'ils fussent du sexe masculin. La législation de cette époque admettait bien les femmes à porter témoignage en justice (2), parce que c'était là attester des faits à leur connaissance ; mais elle ne les autorisait pas à concourir, comme témoins, à la confection des actes publics et solennels.

La loi romaine assimilait, en effet, aux droits publics, certains droits civils qu'elle considérait comme des offices virils (*officia virilia*) et que la retenue imposée aux femmes (*pudicitia*) ne leur

---

(1) On ne parle ici que des incapacités *légales*, et non des incapacités accidentelles qui, *propter vitium corporis, vel infirmitatem concilii*, s'opposent à ce que les personnes, qui en sont atteintes, soient appelées comme témoins dans les actes.

(2) Dig. 28, 1, 20, § 6, fr. Ulp. ; 22, 5, 18, fr. Paul.

permettait pas d'exercer (1). Ils étaient interdits à la femme, parce que leur exercice l'aurait entraînée, suivant la remarque d'un éminent professeur de la Faculté de droit de Paris, « sinon dans la vie publique, du moins dans la vie du dehors, et l'aurait fait sortir du gynécée ou de l'*atrium* où les mœurs antiques la tenaient confinée » (2).

6. — **Ancien droit français.** Cette condition du sexe n'avait pas été précisée dans les anciennes ordonnances de nos rois. L'ordonnance du mois d'avril 1667 (titre 20) et la déclaration du 9 avril 1736 mettaient même les deux sexes sur la même ligne, quand il s'agissait des actes de baptême. Ces actes, qui tenaient alors lieu d'actes de naissance, devaient être dressés en présence du parrain et de la marraine. Il est vrai que ces personnes y remplissaient le double office de déclarants et de témoins. Cette remarque peut s'appliquer également aux actes de sépulture, qui tenaient lieu d'actes de décès et qui, aux termes des mêmes règlements, devaient être dressés « en présence de deux des plus proches parents ou amis *ayant assisté à la sépulture* ».

Quant aux actes de mariage, l'ordonnance de 1667 et la déclaration du 9 avril 1736 exigeaient seulement qu'ils fussent dressés en présence de quatre témoins « dignes de foi » (3).

Mais nos vieux légistes, imbus d'idées romaines, et dont la tendance à dénigrer les femmes se révélait à toute occasion, avaient pris à tâche de suppléer au silence de la loi sur ce point. Le législateur, disaient-ils, n'avait pas eu à rappeler toutes les anciennes dispositions des lois concernant la capacité des témoins ; il les avait toutes comprises sous l'expression générale de *témoins dignes de foi*. D'ailleurs, ajoutaient-ils, les femmes ne sont pas capables de remplir des fonctions publiques ; elles ne sauraient l'être davantage lorsqu'il s'agit d'assister, comme témoins, dans des actes publics aussi importants que ceux qui constatent la célébration d'un mariage (4).

---

(1) *Mulier testimonium dicere in testamento quidem non poterit* (Ulpien, L. 20, § 6, D., *Qui testamenta facere possunt*); *Fœminae ab omnibus officiis civilibus, vel publicis remotae sunt* (Ulpien, L. 2, D., *De regul. juris*).

(2) Gide, *Etude sur la condition privée de la femme*, p. 421.

(3) V. aussi l'art. 40 de l'Ordonnance de Blois, du mois de mai 1579.

(4) V. Merlin, *Rép.*, V° *Mariage*, sect. 4, § 3. — Le droit canon se montrait, sous ce rapport, moins rigoureux que la loi civile. Un décret du Concile de Trente (Session 24, Cap. 1) veut que la déclaration des

7. Relativement aux actes notariés, l'ordonnance de juillet 1304, la première qui ait réglementé le notariat, exigeait seulement que les actes fussent reçus en présence de témoins connus et dignes de foi, *coram testibus notis ac etiam fide dignis* (art. 6).

Mais ici encore les interprètes, invoquant tantôt le droit romain, tantôt l'inexpérience et le manque de discrétion des femmes, se prononçaient pour leur incapacité de témoigner dans les actes (1). C'étaient, il faut en convenir, des raisons peu sérieuses et peu dignes. Cependant l'article 40 de l'ordonnance de 1735 exclut formellement le témoignage des femmes dans les testaments. Pothier, dans son commentaire de cette ordonnance, citait à l'appui de l'exclusion des femmes, la loi romaine qui les déclarait incapables de toutes fonctions civiles. Mais, mieux inspiré que ses devanciers, le célèbre juriconsulte ajoutait : « la pudeur de leur sexe, qui ne permet pas aux femmes *in cœtibus hominum versari*, est la raison qui les a fait exclure » (2).

8. — **Droit intermédiaire**. Si nous interrogeons le droit intermédiaire, nous trouvons un décret du 20-25 septembre 1792 qui détermine le mode de constater l'état civil des citoyens. L'article 1er du titre III de ce décret porte que les actes de naissance seront dressés sur la déclaration des personnes indiquées par le décret, « assistées de deux témoins *de l'un ou de l'autre sexe* ». L'article 4 de la section IV du titre IV, qui exige la présence de quatre témoins aux actes de mariage, ne s'explique pas sur la question de savoir si ces témoins peuvent être du sexe féminin ; mais un arrêt de la Cour de cassation du 28 floréal an XI (3) s'est prononcé dans le sens de l'affirmative.

époux soit faite en présence d'un prêtre et de deux ou trois témoins, sans s'expliquer sur les conditions de capacité de ces derniers. Les canonistes en concluent qu'ils peuvent être choisis parmi les personnes de l'un ou de l'autre sexe, pourvu qu'elles aient l'âge de raison : ils recommandent d'ailleurs de s'adresser, de préférence, à des personnes de mœurs irréprochables, connaissant les contractants, et surtout à leurs parents et alliés. — Comp. Craisson, *Manuale totius juris canonici*, t. 3, no 4382.

(1) Comp. Doneau, *De jure civili*, L. 6, cap. 7, no 14 ; Ricard, 1re partie, no 1506 ; Domat, *Loix civiles*, *Des successions testamentaires*, Titre I. section III, no 4.

(2) *Traité des donat. testamentaires*, no 35-7° et *Introduct. à la coutume d'Orléans*, no 14-5°.

(3) Sirey chron.

Quant aux témoins dans les actes notariés, un décret de l'assemblée nationale du 29 septembre 1791, sanctionné le 6 octobre suivant, portait (sect. 2, art. 4), que ces actes seraient reçus par un seul notaire public et « deux témoins, âgés de vingt et un ans, sachant signer, et ayant, d'ailleurs, les autres qualités requises par les coutumes et ordonnances ». Les témoins certificateurs de l'individualité des parties devaient avoir « les mêmes qualités que celles requises pour être témoins instrumentaires » (art. 5).

9. — **Code civil.** — **Loi du 25 ventôse an XI.** Les auteurs du Code civil et de la loi du 25 ventôse an XI, organique du notariat, crurent devoir rejeter formellement le témoignage de la femme dans les actes de l'état civil et dans les actes notariés.

Lors de la discussion devant le Conseil d'Etat du projet de l'article 37 du Code civil, concernant les témoins aux actes de l'état civil, Rœderer ayant objecté que les femmes étaient autrefois admises à remplir cet office, Thibaudeau fit observer que, d'après la déclaration de 1736, le parrain et la marraine étaient à la fois déclarants et témoins (v. *suprà*, n° 6), mais qu'il y aurait lieu de distinguer désormais, entre la déclaration de la naissance, qui pourrait être faite par des personnes de l'un ou de l'autre sexe, et la présence de témoins appelés pour la solennité de l'acte.

Cette pensée de Thibaudeau, à savoir que les témoins sont appelés pour donner aux actes la forme solennelle, c'est-à-dire authentique, a sans doute déterminé les auteurs des articles 980 du Code civil, et 11 de la loi du 25 ventôse an XI, à écarter également le témoignage des femmes dans les testaments publics et dans les autres actes notariés.

CHAPITRE II

Travaux préparatoires de la loi nouvelle. — Législation comparée.

10. — **Chambre des députés.** La loi nouvelle est due à une proposition faite à la Chambre des députés, le 7 décembre 1893, par M. Alfred Leconte et 52 de ses collègues. Cette proposition, qui avait pour objet de « donner à la femme majeure et jouissant de ses droits civiques le droit d'être témoin dans les actes de l'état civil », était, dans son dispositif, la reproduction presque textuelle de celle qui avait été déposée par le même député, le 23 mai 1891, pendant la précédente législature, et qui n'avait pas pu être discutée.

Cette dernière proposition elle-même n'était, en quelque sorte, qu'un chapitre détaché d'une proposition de M. Ernest Lefebvre, du 17 février 1887. M. Lefebvre ne s'était pas borné, en effet, à réclamer pour les femmes le droit d'être témoins aux actes de l'état civil : il voulait, en outre, qu'elles fussent admises à faire partie des conseils de famille et à être tutrices sous certaines conditions.

M. Montaut, dans le rapport sommaire qu'il présenta, le 15 janvier 1894, au nom de la commission d'initiative parlementaire chargée d'examiner la proposition Leconte du 7 décembre précédent, conclut à la prise en considération. Il approuva les auteurs de cette proposition d'avoir pensé « que le meilleur moyen d'arriver à faire triompher les revendications féminines, était de les présenter graduellement ». Mais il s'éleva avec force contre la pensée qu'ils avaient eue d'exiger que l'un des témoins fût toujours du sexe masculin :

« Dans cette dernière clause, écrivait le rapporteur, on retrouve cette préoccupation, contraire à l'esprit d'égalité et de justice qui devrait être la base de notre législation civile, de maintenir une sorte de prééminence à l'élément masculin. On craint de proclamer trop ouvertement que la femme est l'égale de l'homme : on veut bien lui faire une petite place étroitement mesurée ; mais on redoute ses empiétements, et quantité de gens sont encore dans notre pays, et dans notre pays seulement, il faut le dire, sous l'empire de préjugés qui datent d'une époque barbare et qui devraient avoir depuis longtemps disparu ».

C'est dans le même esprit que la Commission d'étude fit présenter, le 21 juin 1894, par l'organe de son rapporteur, qui n'était autre que M. Alfred Leconte, une proposition de loi ainsi conçue :

« Article unique. — A partir de la promulgation de la présente loi, la femme majeure, mariée ou non, sachant lire et écrire, jouissant de ses droits civils, aura le droit d'être témoin dans les actes de l'état civil, soit pour la déclaration de la naissance d'un enfant, soit pour attester la célébration d'un mariage civil, soit enfin pour faire connaître un décès. »

11. — Sénat. Cette rédaction, ayant été adoptée sans discussion par la Chambre, à la séance 30 janvier 1896, fut transmise au Sénat qui la renvoya à la Commission relative aux droits civils des femmes.

La commission sénatoriale crut devoir faire plus que n'avait fait la Chambre. Celle-ci, comme on vient de le voir, ne s'était occupée que des actes de l'état civil. Le 18 février 1897, M. Jules Cazot déposa, au nom de la commission sénatoriale, un rapport suivi d'une proposition de loi qui étendait la réforme aux testaments et aux autres actes notariés.

Dans la première partie de son rapport, relative au témoignage des femmes dans les actes de l'état civil, M. Jules Cazot s'est attaché à combattre l'opinion de ceux qui estiment que les témoins représentent la société, qu'ils concourent à l'authenticité des actes et sont, à cet égard, investis d'une fonction publique :

« Les témoins, a-t-il dit, ne sont là que pour attester des faits matériels, pour certifier l'identité des déclarants ou des comparants, l'exactitude des déclarations et la conformité de l'acte avec celles-ci. C'est l'officier de l'état civil, et lui seul, qui confère à l'acte le caractère de l'authenticité... Les témoins sont des particuliers qui viennent certifier des faits purement civils, se rattachant à l'organisation de la famille, et consignés dans un acte qui n'a d'authentique que ce que l'officier public déclare avoir vu et entendu. »

« Il faut, par conséquent, reconnaître, ajoutait M. Jules Cazot, que le droit d'être témoin dans les actes de l'état civil tient uniquement à la capacité civile. On ne comprend pas, dès lors, que la femme en soit privée, alors que suivant une jurisprudence aujourd'hui établie, on le reconnaît à un étranger, et l'on cherche en vain le fondement d'une pareille exclusion. Cette exclusion est d'autant plus choquante que la femme est admise comme déclarante, qu'elle l'est même comme témoin aux actes de notoriété qui ont pour but de suppléer à l'acte de naissance que les futurs époux se trouvent dans l'impossibilité de représenter (art. 70, C. civ.). »

D'autres contradictions, d'après M. Jules Cazot, étaient de nature à saisir encore plus vivement l'esprit. « La femme, porte son rapport, est admise à témoigner devant la justice criminelle et devant la justice civile. Ici son témoignage a légalement et moralement la même valeur que celui de l'homme. Elle peut déposer sur des faits qui intéressent la vie, l'honneur, la fortune des citoyens, et elle ne peut certifier, sous sa signature, l'identité d'un comparant ou d'un déclarant, l'exactitude des déclarations et la conformité de l'acte qui en est dressé. Il y a là un de ces contrastes qui forment tache dans une législation. »

Après un rapide aperçu des dispositions du droit romain, de

notre ancien droit et du droit intermédiaire concernant la matière qui nous occupe, l'honorable rapporteur concluait à la nécessité de revenir aux véritables principes, et de modifier l'article 37 du Code civil, en supprimant la différence qu'il avait établie entre l'homme et la femme.

M. Jules Cazot s'est montré très sobre d'explications à l'égard du droit à conférer à la femme d'être témoin dans les actes notariés. « Votre commission, a-t-il dit, a estimé que la réforme devait être étendue à tous les actes instrumentaires, testaments par acte public ou mystiques (art. 980, C. civ.), et aux actes entre vifs passés par devant notaire (L. 25 vent. an XI, art. 9). Les raisons que nous venons d'exposer, en ce qui concerne les actes de l'état civil, sont les mêmes ici et peuvent être invoquées avec la même force, et il n'y a aucun motif de maintenir à cet égard des distinctions qui ne seraient, en réalité, que des disparates. »

12. — **Législation comparée**. M. le rapporteur a fait observer que plusieurs législateurs nous avaient précédés dans la voie de la réforme demandée.

Ainsi en Italie, la loi du 9 décembre 1877 abroge *toutes les dispositions des lois qui interdisent aux femmes d'intervenir comme témoins dans les actes publics et privés.*

L'île Maurice a réformé dans le même sens son Code civil.

Les lois russes ne contiennent non plus aucune restriction de la capacité de la femme pour être témoin aux actes publics (art. 253 et 256 des lois civiles ; Code russe, tome X, part. 1 et art. 86 de la loi organique du notariat).

Enfin le Code espagnol et le Code autrichien dérogent au principe d'exclusion, le premier, en donnant à la femme le droit d'être témoin aux testaments en cas d'épidémie (art. 701), le second, en lui donnant le même droit quant aux testaments privilégiés, tels que ceux faits en mer (art. 597).

13. — **Vote de la loi nouvelle**. La proposition de la commission sénatoriale est venue devant le Sénat, à la séance du 17 juin 1897. L'urgence fut prononcée. Après quelques courtes explications du rapporteur et la déclaration faite par le garde des sceaux d'alors, M. Darlan, « que le Gouvernement se joignait à la commission pour demander le vote de la proposition », celle-ci fut adoptée sans discussion.

Transmise à la Chambre des députés, la proposition, après un rapport de quelques lignes de M. Alfred Leconte, a été votée sans discussion, le 29 novembre 1897. Elle est devenue la loi du 7 décembre 1897, dont on trouvera le texte en tête de cette étude.

Chapitre III

Commentaire de la loi nouvelle.

§ 1ᵉʳ. — *Observations générales. — Le « Féminisme » et la loi nouvelle.*

14. Il n'est pas trop téméraire d'affirmer que la réforme opérée par le législateur le 7 décembre dernier ne se recommandait d'aucune nécessité, et qu'aucun mouvement sérieux de l'opinion n'avait réclamé cette innovation. Il est juste cependant de reconnaître que, si la loi nouvelle a été accueillie avec joie par ceux qui se passionnent pour faire entrer, à pleines voiles, les femmes dans la vie publique, elle n'a pas soulevé de protestations de la part de ceux-là mêmes qui considèrent le dogme de l'égalité civile et politique des deux sexes comme une dangereuse utopie.

15. Nous n'avons, d'ailleurs, en aucune façon, la prétention d'aborder ici l'examen des théories et doctrines, toujours fougueuses et souvent systématiques, dont l'ensemble constitue ce qu'on appelle le « Féminisme ». Le sujet est immense : il ne saurait entrer dans le cadre de ce modeste travail.

Nous tenons seulement à déclarer qu'il nous paraît, *a priori*, excessif de répudier en bloc tous les articles du programme féministe. Le bon, l'utile, le pratique s'y rencontrent à côté de l'extravagant et du mauvais. Il y a là une sélection à opérer et un certain nombre de sages réformes à accomplir.

Mais, dans l'intérêt même de ces réformes et de leur développement progressif, on fera bien de retenir que, par leur constitution, leur organisation physique et morale, les deux sexes diffèrent essentiellement l'un de l'autre. Rêver l'égalité absolue entre deux êtres qui ont chacun leurs fonctions particulières, chacune une mission propre dans la vie sociale, c'est se mettre en lutte avec la nature, confondre ce qu'elle a distingué, faire surgir le désordre là où elle a créé l'union et l'harmonie.

Le véritable besoin de la femme, c'est d'être entourée de respect, d'amour et de protection dans l'auguste mission qu'elle est appelée à remplir et qui se résume en deux mots : Maternité, garde du foyer domestique.

Son rôle n'est point de s'adonner aux tâches « viriles ». Il n'est guère plus sensé de vouloir lui donner accès dans les assemblées publiques pour y traiter des affaires de l'Etat, que de prétendre l'introduire dans les casernes pour y faire métier de soldat.

Dans l'ordre de la famille, il suffit d'un peu de réflexion pour se convaincre qu'effacer de nos lois le principe tutélaire de l'autorité maritale, ce serait supprimer ou du moins affaiblir profondément le mariage et marcher vers l'union libre, à pas accélérés.

Le Féminisme nous vient d'Angleterre et d'Amérique. Etrange phénomène ! Alors que les nations germano-anglaises nourrissent, contre la France, cet *hostile odium* que Tacite reprochait aux Juifs de son temps, nous nous habituons de plus en plus, à ne jurer que par leurs institutions. Nous oublions que, dans aucun pays, la femme n'a joui d'une influence aussi considérable que dans la société française dont elle est le charme. Américaniser la femme française, ne serait-ce pas, en réalité, la diminuer et lui enlever, en partie, ce qui fait son empire ?

16. Ces tendances se sont manifestées, on l'a vu plus haut, lors des travaux préparatoires de la loi nouvelle. C'est là le côté inquiétant de cette innovation qui, considérée en elle-même, constitue, à certains égards un progrès, puisqu'elle aura pour résultat de faciliter le témoignage dans les actes.

17. Cette dernière remarque s'applique surtout au témoignage de la femme dans les actes de l'état civil. Ces actes requièrent célérité ; le législateur, dit M. Demolombe, ne doit pas entraver leur rédaction en exigeant, dans les témoins qui doivent y figurer, des qualités difficiles à rencontrer, surtout dans les campagnes (1). D'autre part, le motif qui avait fait écarter, pour les actes notariés, le témoignage des parents des parties n'existait pas dans les actes de l'état civil ; ce témoignage est une garantie de plus de la sincérité des déclarations contenues dans des actes qui intéressent au plus haut point les familles. On comprend donc très bien qu'à l'égard de ces derniers actes le législateur ait élargi le cercle des capacités des témoins appelés à y figurer.

18. La proposition votée par la Chambre ne visait, d'ailleurs, que le témoignage des femmes dans les actes de l'état civil. Mais la commission sénatoriale est allée plus loin : elle a demandé et obtenu que la réforme fût étendue aux actes notariés. En cette matière, cependant, le législateur a le devoir de se montrer plus exigeant. Sans critiquer outre mesure la modification apportée au projet primitif, on est en droit de s'étonner en lisant, dans le rapport de M. Jules Cazot, cette étrange affirmation que les raisons, en ce qui concerne les actes de l'état civil, doivent être invoquées avec la même force pour les actes notariés.

19. Au surplus, ce rapport tout entier repose sur la fausse

---

(1) T. 1, n° 280.

assimilation des témoins dans les actes aux témoins judiciaires. Nous croyons avoir démontré au commencement de cette étude, la différence profonde qui existe, au point de vue des conditions d'aptitude à exiger d'eux, entre les témoins de l'une et de l'autre catégorie (n° 3). Les hautes fonctions exercées autrefois dans la magistrature par l'honorable rapporteur eussent dû, ce semble, le mettre à l'abri de la grave erreur que nous avons le regret de signaler.

20. Enfin, dans sa hâte de réformer des dispositions qui, au dire de son rapporteur, « ne se distinguaient pas par une grande cohérence », la commission sénatoriale ne s'est pas aperçue d'une lacune que présente, comme on le verra plus loin (n°ˢ 35 et suiv.), la rédaction du nouvel article 9 de la loi de ventôse. Cette lacune, qui est susceptible d'amener de sérieuses difficultés, a également échappé au Parlement.

21. Mais il est temps d'aborder l'examen des nouveaux textes, sans pousser plus loin nos critiques. La défectuosité de notre mécanisme parlementaire ne nous procure-t-elle pas, tous les jours, les surprises les plus inattendues ?

§ 2. — *Des témoins aux actes de l'état civil et aux autres actes reçus par les maires et leurs adjoints.*

22. — **Actes de l'état civil**. L'ancien texte de l'article 37 du Code civil n'a été modifié par la loi nouvelle que dans sa disposition relative au sexe, avec interdiction pour le mari et la femme d'être témoins ensemble dans le même acte.

Il suffira donc, désormais, que les témoins aux actes de l'état civil soient « âgés de vingt et un ans », ce qui n'est pas nécessairement, dans ce cas particulier, dit M. Demolombe, synonyme de majeur (art. 488) ; car si, par exemple, la majorité était retardée par une loi nouvelle jusqu'à vingt-deux ans, l'article 37 n'en resterait pas moins tel qu'il est, n'exigeant que l'âge de vingt et un ans [1].

23. La loi n'exige pas que ces témoins sachent signer, ni qu'ils soient Français [2]. Ainsi un étranger âgé de vingt et un ans, mais encore mineur d'après la loi de son pays, pourrait, no-

---

[1] Demolombe, t. 1, n° 280.
[2] *Sic* : Coin-Delisle, art. 37, n° 3 ; Aubry et Rau, t. 1, § 59, texte et note 5 ; Demolombe (qui avait été d'abord d'une opinion contraire) t. 1, n° 281.

nobstant cette dernière circonstance, être témoin dans un acte de l'état civil, reçu par un officier de l'état civil français.

24. Mais les individus qui ont encouru la déchéance civique sont devenus, par cela même, incapables d'être témoins dans tous les actes instrumentaires, dans les actes de l'état civil, comme dans les autres, et cette incapacité peut aussi, suivant les cas, être attachée à des condamnations correctionnelles (C. pén., art. 34 et 42).

25. On a déjà fait remarquer qu'il ne faut pas confondre, dans un acte de naissance, le *déclarant* avec les témoins proprement dits. Il a toujours été admis que la déclaration de la naissance pouvait être faite par les personnes de l'un ou de l'autre sexe et même par des individus âgés de moins de vingt et un ans, pourvu qu'ils soient capables de rendre un témoignage digne de confiance (1). La loi nouvelle n'a eu à apporter, sous ce rapport, aucune modification à ce qui existait autrefois.

26. — **Autres actes reçus par les maires et adjoints.** Indépendamment des actes de l'état civil, d'autres déclarations ou consentements sont également reçus par les maires ou adjoints avec l'assistance de témoins. Il est évident que ceux-ci pourront être pris, désormais, parmi des personnes de l'un ou de l'autre sexe, toutes les fois que, pour les conditions de capacité à exiger des témoins, la loi se réfère à l'article 37 du Code civil.

27. Ainsi, d'après l'article 62 de la loi du 15 juillet 1889, sur le recrutement de l'armée, les engagements volontaires doivent être contractés devant les maires des chefs-lieux de canton, dans les

---

(1) Dans les actes de décès, comme les comparants y remplissent le double office de déclarants et de témoins, une opinion enseigne qu'ils doivent réunir les conditions exigées de ces derniers (dans ce sens : Delvincourt, sur l'art. 7 ; Du Caurroy, Bonnier et Roustaing, t. 1, n° 142 ; Demolombe, t. 1, n° 303). MM. Aubry et Rau (t. 1, § 61, note 2) estiment, au contraire, que l'art. 78 qualifiant les comparants de *témoins* et l'art. 79 de *déclarants*, cette dernière qualification explique le sens de la première, qui doit s'entendre de témoins du fait du décès, et non de témoins instrumentaires appelés à la rédaction de l'acte. Ces derniers auteurs en concluent que l'art. 37 n'est pas applicable aux personnes sur la déclaration desquelles l'acte de décès doit être rédigé. Du reste, les femmes étant aptes, d'après la loi nouvelle, à servir de témoins dans les actes de l'état civil, la question n'offre plus d'intérêt qu'au point de vue de l'âge que doivent avoir les témoins aux actes de décès.

formes prescrites par les articles 34 à 40, 42 et 44 du Code civil. Il n'est pas douteux que la loi nouvelle trouve ici son application.

28. Du reste, toutes les fois que la loi ou le règlement ne s'explique pas sur les qualités que doivent réunir les témoins appelés à assister le maire dans la réception d'un acte, on ne doit plus hésiter à décider qu'ils peuvent être de l'un ou de l'autre sexe. La capacité étant la règle, l'incapacité, l'exception, cette solution n'était pas douteuse déjà avant la loi du 7 décembre 1897. A plus forte raison, ne l'est-elle plus aujourd'hui.

§ 3. — *Des témoins testamentaires et des témoins dans les actes de suscription des testaments mystiques.*

29. L'ancien article 980 du Code civil était ainsi conçu : « Les témoins appelés pour être présents aux testaments devront être mâles, majeurs, républicoles, jouissant des droits civils. »

Cet article a été modifié en ces termes : « Les témoins appelés pour être présents aux testaments devront être majeurs, Français, sans distinction de sexe. Toutefois, le mari et la femme ne pourront être témoins ensemble dans le même testament. »

De la comparaison des deux textes, il ressort que le nouvel article 980, outre qu'il confère aux femmes le droit d'être témoins dans les testaments, diffère de l'ancien article sur deux points : 1° le mot *Français* a été substitué à celui de *républicoles* ; 2° les mots *jouissant des droits civils* ont été purement et simplement supprimés.

Ces deux changements, dont on chercherait en vain les motifs, soit dans le rapport de M. Jules Cazot, soit dans ses explications devant le Sénat, nous paraissent cependant mériter quelques observations :

30. A. On ne peut qu'approuver la substitution du mot *Français* à celui de *républicoles*, qui se trouvait dans l'ancien texte.

L'article 40 de l'ordonnance de 1735 exigeait que les témoins appelés aux testaments fussent « mâles, *régnicoles....* ». Les auteurs de l'ancien article 980 du Code civil, voulant reproduire cette idée, avaient dit que les témoins testamentaires devraient être *républicoles*. Après les différents gouvernements qui s'étaient succédé en France depuis cette époque, on s'était trouvé ramené à ce dernier mot, au moment de la promulgation de la loi nouvelle.

Quoiqu'il fût à peu près universellement admis que ces mots *régnicoles, républicoles* étaient synonymes de *Français*, quelques divergences s'étaient produites, cependant, sur le sens qu'il

convenait de leur donner. Comme ils désignaient, ainsi que leur étymologie l'indique, les personnes qui habitent le territoire du Royaume ou de la République, on avait quelquefois essayé de soutenir qu'ils devaient s'entendre aussi de l'étranger autorisé à établir son domicile en France et qui l'habitait effectivement. D'autres, au contraire, prétendaient que le Français, dont la résidence habituelle était à l'étranger, ne pouvait, pendant un séjour momentané en France, être témoin dans un testament (1).

Le texte nouveau ne prête à aucune ambiguïté. L'étranger, même autorisé par le Gouvernement à établir son domicile en France et y demeurant effectivement, ne peut être témoin testamentaire. Inversement, le Français, même s'il demeure habituellement en pays étranger, peut, tant qu'il conserve la nationalité française, remplir cet office.

31. B. Les mots *jouissant des droits civils*, qui se trouvaient dans l'ancien texte, et que les auteurs de la nouvelle loi ont cru devoir supprimer, prenaient également leur origine dans l'art. 40 de l'ordonnance de 1735. « Les témoins, y était-il dit, seront mâles, régnicoles et *capables des droits civils....* »

Comment expliquer cette suppression ? Est-elle le résultat d'une inattention ? Ou bien, s'est-elle imposée aux réformateurs de l'article 980, comme conséquence logique et nécessaire du droit accordé aux femmes d'être témoins dans les testaments ?

Cette dernière explication nous semble inadmissible. Il est impossible de supposer que le rédacteur du nouvel article 980 se soit mépris sur l'acception juridique des mots « jouissant des droits civils », au point de croire que l'innovation qu'il se proposait d'introduire devait amener leur suppression. « Tout Français jouira des droits civils ». Ainsi s'exprime l'article 8 du Code civil ; c'est-à-dire tout Français, sans distinction d'âge ni de sexe. Il ne faut pas, en effet, confondre la *jouissance* avec l'*exercice* de ces droits. « La *jouissance*, dit M. Demolombe, c'est l'investiture, c'est l'attribution des droits eux-mêmes ; l'*exercice*, c'est la mise en œuvre, c'est la pratique. Or on comprend que tous les Français ne peuvent pas exercer, par eux-mêmes et personnellement, leurs droits civils. C'est ainsi que les mineurs, les interdits, les femmes mariées, dans certains cas, sont représentés par des mandataires, par leur tuteur, par leur mari » (t. 1, n° 139).

---

(1) Comp. Turin, 10 avril 1809, S. 10. 2. 85 ; Delvincourt, sur l'art. 980 ; Grenier, t. 1, n° 247 (1re édit.). — V. aussi nos observ. dans l'*Encyclopédie du Notariat*, V° Testament, n° 238.

La jouissance des droits civils étant inhérente à la qualité de Français, la seule explication plausible que l'on puisse donner de la suppression des mots en question, c'est que les auteurs de la loi nouvelle ont voulu faire disparaître une redondance manifeste.

32. Ce qui est certain, d'ailleurs, c'est que cette suppression ne saurait avoir pour conséquence de rendre désormais inapplicable aux témoins testamentaires la déchéance spéciale qui résulte, soit de la dégradation civique (C. pén., art. 28, 34), soit de certaines condamnations correctionnelles (même Code, article 42).

Il est vrai que, d'après les interprètes de l'ancien article 980, les mots « jouissant des droits civils » se référaient à ces seules hypothèses (1).

Mais ce n'est pas à dire que la suppression de ces mots doive conduire au résultat inverse, en relevant les condamnés de l'incapacité qui les frappait autrefois. La nouvelle rédaction de l'article 980 ne présente aucune contrariété avec celle des articles 34 et 43 du Code pénal. Ces derniers articles se suffisent, et le législateur n'a pas eu besoin de s'y référer expressément dans l'article 980 du Code civil, pas plus qu'il n'a eu à les viser dans l'article 37 du même Code (*suprà*, n° 24).

33. Notre conclusion sera donc que, sauf le droit qu'il confère aux femmes de témoigner dans les testaments, le nouvel article 980 reste ce qu'il était avant la loi nouvelle.

34. Nous rappellerons en terminant que, d'après la doctrine et la jurisprudence, les dispositions de cet article sont applicables aux témoins dans les actes de suscription des testaments mystiques et dans les testaments dits privilégiés, dont s'occupent les articles 981 et suivants du Code civil.

§ 4. — *Des témoins instrumentaires dans les actes notariés autres que les testaments.* — *Grave lacune dans le nouveau texte.*

35. L'ancien article 9 de la loi du 25 ventôse an XI était conçu en ces termes : « Les actes seront reçus par deux notaires ou par un notaire assisté de deux témoins, citoyens français, sachant signer et domiciliés dans l'arrondissement communal où l'acte sera passé. »

Cet article a été modifié comme suit : « Les actes seront reçus

---

(1) Comp. Aubry et Rau, t. 7, § 670, p. 117, note 12 ; Demolombe, t. 21, n° 184.

par deux notaires ou par un notaire assisté de deux témoins, de l'un ou de l'autre sexe, sachant signer, et domiciliés dans l'arrondissement communal où l'acte sera passé. Toutefois le mari et la femme ne pourront être témoins ensemble dans le même acte. »

36. Cette nouvelle rédaction est incomplète, et il est à craindre qu'elle ne donne lieu à de sérieuses difficultés.

Sous l'empire de la législation antérieure, les conditions de capacité absolue exigées des témoins testamentaires étaient moins rigoureuses que celles imposées aux témoins dans les actes notariés ordinaires. D'après l'ancien article 980 du Code civil, il suffisait que les premiers fussent républicoles (c'est-à-dire Français) et majeurs, tandis que, d'après l'ancien article 9 de la loi de ventôse, les seconds devaient être *citoyens*, c'est-à-dire jouir de la plénitude des droits politiques et être domiciliés dans l'arrondissement communal du lieu de la passation de l'acte.

D'où venait cette différence ?

C'est que, pour les testaments, il faut un nombre plus grand de témoins que pour les autres actes et que, d'autre part, les dispositions de dernière volonté devant rester secrètes pendant toute la vie du testateur, celui-ci doit avoir une plus grande latitude pour le choix de ses confidents.

37. Aujourd'hui ces règles paraissent en partie renversées. Il est vrai que le nouveau texte de l'article 9 de la loi de ventôse exige, comme le voulait l'ancien, que les témoins appelés aux actes notariés ordinaires soient domiciliés dans l'arrondissement communal du lieu de la passation de l'acte (1), alors que cette condition n'est pas requise dans les témoins testamentaires, pas plus qu'elle ne l'était autrefois.

Mais, tandis que l'article 980 du Code civil exige encore aujour-

---

(1) L'art. 1er de la loi du 28 pluviôse an VIII, divisait le territoire français en départements et les départements en *arrondissements communaux*, et l'art. 8 de la même loi portait qu'il y aurait un sous-préfet dans chaque arrondissement communal. D'autre part, l'art. 6 de la loi du 27 ventôse an VIII, sur l'organisation des tribunaux, établissait un tribunal de première instance par arrondissement communal. L'arrondissement judiciaire et l'arrondissement communal étaient donc la même chose en l'an XI ; aussi tous les auteurs s'accordent-ils à reconnaître que, par ces derniers mots, on doit entendre le ressort du tribunal dans lequel l'acte est reçu. Cependant, comme l'expression *arrondissement communal* n'est plus exacte aujourd'hui, il est permis de regretter que les auteurs de la loi nouvelle ne l'aient pas remplacée.

d'hui, et très justement d'ailleurs, que ces derniers témoins soient majeurs et Français, le nouveau texte de l'article 9 de la loi de ventôse ne s'explique pas sur les conditions d'état et de capacité civile que doivent réunir les témoins appelés aux autres actes notariés.

38. Ce silence est très regrettable.

A la vérité, le mot *citoyens* devait disparaître du texte de l'article 9 de la loi de ventôse, puisque le citoyen est celui qui jouit des droits politiques, droits qui, d'après nos lois constitutionnelles, n'appartiennent pas à la femme.

Mais puisqu'il en était ainsi, pourquoi n'avoir pas remplacé ce mot par ceux de *majeurs* et de *Français*, qui se trouvent dans le texte de l'article 980 du Code civil?

La lacune que présente, à cet égard, le nouvel article 9 de la loi de ventôse, peut donner lieu à une interprétation contraire, sans doute, à l'intention du législateur, mais qui peut s'appuyer néanmoins sur des raisons très fortes, sinon décisives.

39. Il est deux points, cependant, qui ne sauraient faire doute un instant :

1° Il ne peut être question d'appeler au témoignage, dans les actes notariés, les individus qui se trouvent sous le coup des articles 34 et 42 du Code pénal. Ces articles, en effet, sont applicables à tous les témoins sans distinction (*suprà*, nos 24 et 32) ;

2° D'autre part, comme les témoins appelés aux actes notariés autres que les testaments doivent, d'après les termes du nouvel article 9 de la loi de ventôse, être domiciliés dans l'arrondissement communal du lieu de la passation de l'acte (*suprà*, n° 35), les étrangers non autorisés par le gouvernement à fixer leur domicile en France, ne pouvant y avoir qu'un domicile de fait, se trouvent virtuellement exclus du droit de témoigner dans ces actes.

40. Mais, voici la difficulté annoncée plus haut : ne faut-il pas admettre, dans le silence du nouveau texte, que les étrangers (autorisés à fixer leur domicile en France) aussi bien que les Français, et les mineurs aussi bien que les majeurs, peuvent désormais remplir l'office de témoins dans les actes notariés autres que les testaments ?

41. L'affirmative raisonne ainsi :

La capacité est la règle, l'incapacité, l'exception. Tel est, dans notre droit, le principe général (comp. C. civ., art. 902, 1123). Or, le nouveau texte de l'article 9 de la loi de ventôse porte uniquement que les témoins devront être domiciliés dans l'arrondissement du lieu de la passation de l'acte ; il ne dit pas qu'ils devront être majeurs et Français. Ce texte clair et positif se suffit à lui-même ; il règle tout ce qui est relatif aux témoins dans les actes notariés autres que les testaments. L'interprète ne saurait subordonner la validité du témoignage dans ces actes à des conditions plus rigoureuses que celles qui sont formellement exigées par notre article.

42. Cette argumentation est incontestablement sérieuse, et pourtant nous conservons des doutes.

Quel est l'esprit de la loi du 7 décembre 1897 et, dans la pensée de ses auteurs, quelle doit en être la portée ?.

En interrogeant les travaux préparatoires, d'ailleurs peu nombreux de cette loi, on reconnaît de suite que son unique objet a été, comme son titre l'indique, de conférer aux femmes le droit de témoigner dans les actes.

Si la commission sénatoriale, en proposant d'admettre le témoignage des femmes dans les actes notariés, avait cru devoir élargir, en même temps et sous d'autres rapports, le cercle des capacités des personnes appelées à figurer comme témoins dans ces actes, on trouverait des traces de cette préoccupation, soit dans le rapport écrit de M. Jules Cazot, soit dans ses explications orales devant le Sénat.

Or il n'en est rien, et du silence gardé sur ce point par l'honorable rapporteur, on doit conclure, sans hésiter, que si le législateur s'est trouvé dans la nécessité de remanier le texte de l'article 9 de la loi de ventôse, de façon à le mettre en harmonie avec la réforme qui formait l'objet principal de la proposition de loi, il n'a pourtant voulu apporter aux conditions de capacité autrefois exigées des témoins aux actes notariés, d'autres modifications que celles que cette réforme rendait nécessaires. Ainsi s'explique la suppression du mot *citoyen* qui se trouvait dans l'ancien texte, et si ce mot n'a pas été remplacé par ceux de *Français* et de *majeurs*, que l'on trouve dans le nouveau texte de l'article 980 du Code civil, cette omission ne peut être attribuée qu'à un oubli de la part du législateur.

On chercherait en vain, d'ailleurs, un motif de raison ou de principe qui aurait pu déterminer les auteurs de la loi nouvelle à étendre la mesure aux étrangers et aux mineurs. Le rapporteur de la loi nouvelle au Sénat, M. Jules Cazot, a pu protester contre la qualification de « représentants de la société », que les rédacteurs de la loi de ventôse et certains interprètes avaient cru devoir appliquer aux témoins ; mais il est inadmissible qu'il ait pu se méprendre sur le rôle relativement important que jouent ces derniers dans la réception de certains actes, des actes solennels surtout.

L'authenticité des actes notariés ne tient, en effet, pas seulement au caractère de l'officier public qui les reçoit ; elle dépend aussi de l'accomplissement des formalités prescrites par la loi, et parmi lesquelles figure, en première ligne, le concours d'un second notaire ou l'assistance de deux témoins (L. 25 vent. an XI, art. 9, 68). Ces témoins tiennent donc lieu de la présence d'un second notaire ; ils sont, à certains égards, les coopérateurs de l'officier public qui reçoit les déclarations des parties, puisqu'ils attestent, par leur présence et leurs signatures, la vérité de ces déclarations : ils doivent donc offrir certaines garanties d'indépendance et d'impartialité (*suprà*, n° 3).

C'est là, d'ailleurs, un principe d'évidence et de raison, proclamé par nos plus anciennes ordonnances (*suprà*, n° 7), et ce serait le méconnaître que de prêter aux auteurs de la loi nouvelle l'intention d'admettre, dans les actes notariés, le témoignage de personnes dont l'âge ou l'extranéité doit inspirer, au point de vue des garanties de sincérité que doivent présenter les témoins, les doutes les plus sérieux.

Enfin, ne voit-on pas que l'opinion contraire produirait, si elle venait à triompher, une contradiction des plus choquantes? On a vu que le texte nouveau de l'article 980 du Code civil exige, en termes exprès, que les témoins appelés aux testaments soient majeurs et Français. Dès lors, comment admettre cette inconséquence inouïe, que le législateur, après s'être montré plus sévère sous le rapport du domicile imposé aux témoins dans les actes ordinaires, se soit départi, à leur égard, de toute exigence sous le rapport de leur état et de leur capacité civile, et qu'après avoir exigé des témoins testamentaires la double qualité de Français et de majeur, il en ait dispensé les témoins appelés aux autres actes notariés?

43. Notre conclusion sera donc, malgré la gravité de l'argument que fournit le texte du nouvel article en faveur de l'opinion contraire, que, sous le rapport de l'état et de la capacité civile, le nouvel article 9 de la loi de ventôse doit être interprété à l'aide du nouvel article 980 du Code civil. Les témoins aux actes notariés ordinaires devront, de même que les témoins aux testaments, réunir la double qualité de Français et de majeurs.

44. Avant la loi nouvelle, il était généralement admis que les faillis non réhabilités et les individus privés de leurs droits élec-

toraux par suite de condamnations judiciaires, étaient incapables de remplir l'office de témoins dans les actes notariés autres que les testaments (1). Cette opinion se fondait sur le mot *citoyens* qui se trouvait dans l'ancien texte de l'article 9 de la loi du 25 ventôse an XI. La suppression de ce mot et l'admission des femmes au témoignage dans les actes notariés ont pour conséquence de relever ces individus de l'incapacité qui les frappait jusqu'à présent.

L'opinion contraire est cependant enseignée par M. Defrénois (*Rép. gén. du Not.*, cahier de décembre 1897). Notre savant et distingué confrère estime que les témoins aux actes notariés ordinaires, s'ils sont des hommes, doivent jouir de leurs droits politiques. « Le législateur, dit-il, a voulu seulement donner à la femme le droit d'être témoin, sans modifier d'aucune manière la capacité des témoins instrumentaires. »

45. Cette doctrine ne nous paraît pas devoir être suivie. S'il est vrai, comme nous le pensons nous-même, que les auteurs de la loi nouvelle n'ont entendu apporter aux conditions de capacité autrefois exigées des témoins d'autres changements que ceux que la réforme projetée rendait nécessaires, il nous paraît non moins certain que, par l'effet de la suppression du mot *citoyen*, qui se trouvait dans l'ancien texte, les individus simplement privés de leurs droits électoraux se trouvent virtuellement relevés de l'incapacité qui les frappait autrefois. Autrement, on arriverait à cette conséquence évidemment inacceptable, que la femme déclarée en faillite et non réhabilitée pourrait figurer comme témoin dans un acte, tandis que l'homme, qui se trouverait dans une situation identique, serait privé de cette faculté.

46. Anciennement, d'après certains arrêts, les domestiques à gage, attachés au service de la personne ou du ménage, étaient considérés comme incapables de servir de témoins dans les actes notariés autres que les testaments (2). On se fondait, pour le soutenir, sur le rapprochement de l'article 9 de la loi du 25 ventôse an XI, qui voulait que les témoins dans les actes notariés fussent *citoyens* et de l'article 5 de la constitution du 22 frimaire an VIII, d'après lequel l'exercice des droits de citoyen était suspendu par

---

(1) V. un jugement du tribunal de Vervins, du 17 décembre 1885 et la note, *Revue du Notariat*, n° 7289 *bis*.

(2) Comp. Rolland de Villargues, *Rép. du Notariat*, v° *Témoin instrumentaire*, n°ˢ 22 et 55.

l'état de domestique à gages. Mais cette dernière disposition ayant été virtuellement abrogée par nos lois électorales, qui ne font pas de la profession de domestique à gages une cause de suspension de l'exercice des droits civiques, on décidait, déjà avant la loi du 7 décembre 1897, que les domestiques pouvaient avoir la qualité de témoins.

Il y a aujourd'hui une raison de plus en faveur de cette solution : la suppression du mot *citoyens* qui se trouvait dans l'ancien texte. Il est donc hors de doute que les domestiques de l'un et de l'autre sexe sont capables de remplir l'office de témoins.

47. En résumé, d'après le nouvel article 9 de la loi de ventôse, le droit d'être témoin aux actes notariés dont nous parlons ici, appartient à tout Français, majeur, sans distinction de sexe, sachant signer et domicilié dans l'arrondissement judiciaire du lieu de la passation de l'acte, pourvu qu'il ne se trouve pas sous le coup des articles 34 et 42 du Code pénal.

§ 5. — *Des témoins certificateurs de l'individualité des parties dans les actes notariés.*

48. Aux termes de l'article 11 de la loi de ventôse, les conditions requises de ces témoins sont les mêmes que celles exigées des témoins instrumentaires. Pour faire concorder le nouvel article 11 avec le nouvel article 9 de la même loi, il a suffi de substituer le mot « personne » au mot « citoyen » de l'ancien texte.

Nous n'avons ainsi qu'à renvoyer, pour le commentaire de l'article 11, aux observations présentées sous le paragraphe 4, qui contient le commentaire de l'article 9.

§ 6. — *Des témoins aux actes dressés par d'autres officiers publics que les maires et les notaires.*

49. La loi nouvelle ne s'occupe que des témoins appelés aux actes de l'état civil et aux actes notariés. D'autres actes, cependant, doivent également être dressés en présence de témoins.

50. Ainsi, l'huissier qui procède à une saisie-exécution (C. proc. civ., art. 585), à une saisie-gagerie (art. 821), à une saisie sur débiteur forain (art. 825), à une saisie-revendication (art. 830), doit être assisté de deux témoins.

Les conditions de capacité de ces témoins sont déterminées par l'article 585 du Code de procédure civile. Cet article exige simplement qu'ils soient « Français et majeurs ». La capacité étant la règle, l'incapacité, l'exception, on devait admettre, déjà avant la loi nouvelle, que ces témoins pouvaient être pris parmi des personnes de l'un ou de l'autre sexe. On le décidera aujourd'hui avec d'autant plus de raison que, si notre loi ne vise expressément que les actes de l'état civil et les actes notariés, elle doit s'appliquer, dans la pensée de ses auteurs, comme l'indique d'ailleurs son titre, à tous les actes instrumentaires, en général.

51. La même remarque s'applique aux procès-verbaux des ventes publiques de meubles qui, aux termes de l'article 5 de la loi du 22 pluviôse an VII, doivent être signés tant par l'officier public vendeur, que par « deux témoins domiciliés ».

§ 7. — *Responsabilité des témoins.*

52. Les témoins peuvent, dans certains cas, être déclarés responsables de la nullité des actes, lorsque cette nullité est la conséquence de leur faute.

Par exemple, un notaire, appelé à recevoir un testament, a pris la précaution de faire connaître aux témoins les conditions d'aptitude requises par la loi pour remplir leur office, et de mentionner, dans son acte, que ces témoins appelés par les parties ont déclaré réunir ces conditions. Ce seraient alors les témoins qui pourraient être déclarés responsables de la fausse déclaration qu'ils auraient faite à l'officier public (1).

53. Les témoins instrumentaires pourraient également encourir une responsabilité s'ils assistaient, d'une manière active et consciente, à la réception d'un acte frauduleux ; car leur silence, en pareil cas, pourrait les faire considérer comme complices de la prévarication de l'officier public ou au moins les rendre responsables du dommage en résultant (2).

54. Enfin, lorsqu'un notaire s'est conformé aux dispositions de l'article 11 de la loi de ventôse pour faire constater l'individualité des parties, les témoins certificateurs deviennent garants de toutes suppositions de noms, de prénoms, de qualités, et les parties ont une action directe contre eux sans qu'ils puissent recourir en garantie contre l'officier public (3).

55. Quel serait, dans ces divers cas, l'effet, vis-à-vis de la communauté, de la condamnation d'une femme à des dommages-

---

(1) *Sic*, Colmar, 26 décembre 1860, *Revue du Notariat*, n° 56. V. aussi notre *Encyclopédie du Notariat*, V^{is} *Témoin instrumentaire*, n° 25 et *Testament*, n°s 300 et suiv.

(2) Toullier, t. 8, p. 145 et notre *Encycl. du Not.*, V° *Témoin instrumentaire*, n° 68.

(3) V. notre *Encycl. du Not.*, V° *Individualité*, n° 51.

intérêts, à raison du préjudice qu'elle aurait causé par sa faute, en remplissant l'office de témoin ?

Il ne nous paraît pas douteux que cette condamnation ne pourrait être exécutée sur les biens de la communauté. La femme qui commet un délit, ou un quasi-délit, s'oblige bien elle-même, mais elle ne peut obliger la communauté dont elle n'a pas l'administration ; en d'autres termes, elle ne peut engager ni les biens de la communauté, ni l'usufruit de ses propres biens, usufruit dont elle a fait l'apport à la communauté.

« Si une femme, pendant son mariage, écrivait Pothier, a commis quelque délit, pour raison duquel elle ait été poursuivie et condamnée en quelque somme d'argent, soit pour amende, soit pour réparations, la communauté, qui n'a pas profité du délit, ne sera aucunement tenue de cette dette ; et comme tous les revenus des biens de la femme appartiennent à la communauté pendant tout le temps qu'elle dure, le créancier ne pourra se faire payer de cette dette sur les biens de la femme, qu'après la dissolution de la communauté » (1).

56. Cette règle doit encore être suivie aujourd'hui. L'article 1424 du Code civil en fournit d'ailleurs une application, dans l'hypothèse qu'il prévoit, d'une femme condamnée à une amende pour crime. De même l'article 1426 dispose, en termes généraux, que « les actes faits par la femme sans le consentement du mari et même avec l'autorisation de justice, n'engagent point la communauté, si ce n'est lorsqu'elle a contracté comme marchande publique et pour le fait de son commerce ».

57. Nous déciderions, par application de la même règle, que la condamnation de la femme, en sa qualité de témoin, à des dommages-intérêts, ne peut être exécutée, tant que dure la communauté, que sur la nue propriété de ses biens personnels, car la femme, lorsqu'elle remplit l'office de témoin, agit sans l'autorisation de son mari, en vertu du droit propre qu'elle tient de la nouvelle loi.

Cette considération, indépendamment des raisons de convenance indiquées plus haut, aurait dû suffire, ce semble, pour faire écarter le témoignage des femmes mariées dans les actes notariés.

---

(1) *Traité de la communauté*, n° 256.

Imp. G. Saint-Aubin et Thevenot. — J. Thevenot, successeur, Saint-Dizier.